7 envol

8 envol

9 envol

Grammaire

Interkantonale Lehrmittelzentrale
Lehrmittelverlag des Kantons Zürich

ilz Lehrmittel der Interkantonalen Lehrmittelzentrale

Projektleitung	Prof. Dr. Jakob Wüest, Universität Zürich
Autorinnen und Autor	Simone Bersinger, St. Gallen Brigitta Gubler, Olten SO Hans Ulrich Rusch, Gossau SG Martine C. Tchang-George, Zürich
Gestaltung	KGT Raimondi AG
Umschlag	Beni La Roche
Projektleiter Buchherstellung	Felix Reichlin

© Lehrmittelverlag des Kantons Zürich
2. Ausgabe 2004, korrigiert (2002)
Printed in Switzerland
ISBN 3-906744-72-8
www.lehrmittelverlag.com

Der vorliegende grammatische Abriss fasst den gesamten grammatischen Stoff von *envol 5* bis *envol 9* zusammen. Da in diesem Rahmen die Grammatik des Französischen nicht erschöpfend behandelt werden kann, enthält dieser Abriss auch nicht sämtliche Regeln und Paradigmen, die üblicherweise in einer Grammatik des Französischen zu finden sind. Zu beachten ist ferner, dass gewisse unregelmässige Formen in *envol* nur über den Wortschatz eingeführt werden und nicht den Gegenstand grammatischer Regeln bilden. In den Kapiteln *Singulier – pluriel* und *Masculin – féminin* werden diese Ausnahmen gleichwohl aufgeführt.

Dieser Abriss dient sowohl als Nachschlagewerk zu *envol* wie auch als Übersicht über die grammatische Progression des Lehrwerks. Die Orte, wo die entsprechenden Regeln oder Paradigmen eingeführt wurden, werden durch die Ziffern am linken Rand gekennzeichnet. Sie verweisen auf den jeweiligen Band **(5–9),** die *Unité* (U) und das Lernziel (LZ), wo die entsprechende grammatische Erscheinung zum ersten Mal behandelt wurde (z.B. **5,** U 8, LZ 3 oder **9,** U 24, LZ 1).

Mit ★ werden dabei Lernziele gekennzeichnet, die nur für das mittlere und das erweiterte Niveau bestimmt sind, mit △ solche, die sich ausschliesslich an das erweiterte Niveau wenden. Wo Grammatikkapitel, die ursprünglich nur für das mittlere und das erweiterte Niveau bestimmt waren, nachträglich auch für das Grundniveau eingeführt werden, wird diese Stelle mit dem Zeichen ◊ aufgeführt.
□ bezeichnet ein Grammatikkapitel für das grundlegende und das mittlere Niveau.

Grundsätzlich enden Nomen und Adjektive im Plural auf (stummem) -*s*:

5, U 10, LZ 3

| le petit chat – les petit**s** chat**s** | la grande maison – les grande**s** maison**s** |

Enden Nomen und Adjektive jedoch schon im Singular auf -*s*, -*x* oder -*z*, so bleiben sie unveränderlich:

| le bras – les bras | le faux nez – les faux nez |

Ausnahmen werden im Lernwortschatz und im *Lexique* aufgeführt. Sie betreffen die folgenden Fälle:

a Die meisten Nomen auf -*al* und die meisten Adjektive auf -*al, -ale* enden im Plural des Maskulins auf -*aux*:

| amical – amic**aux** amicale – amicales | égal – ég**aux** égale – égales | génial – géni**aux** géniale – géniales |

| l'hôpital – les hôpit**aux** | le journ**al** – les journ**aux** |

aber: le festival – les festivals

b Nomen, die auf -*eau* und -*eu* auslauten, erhalten im Plural ein -*x*:

| le bateau – les bateau**x** | le bureau – les bureau**x** |

| le feu – les feu**x** | le cheveu – les cheveu**x** |

c Auch einzelne Nomen auf -*ou* erhalten im Plural ein -*x*:

| le bijou – les bijou**x** | le caillou – les caillou**x** |

| le chou – les chou**x** | le genou – les genou**x** |

aber: le cou – les cous   le bisou – les bisous

d Weitere unregelmässige Bildung:

| l'œil – les yeu**x** | le trav**ail** – les trav**aux** |

Das Feminin der Adjektive endet auf stummem -e, wobei dieses in vielen Fällen bewirkt, dass der (im Maskulin stumme) Schlusskonsonant gesprochen wird:

le crayon bleu – la gomme bleu**e**	le crayon noir – la gomme noir**e**
le crayon vert – la gomme vert**e**	le crayon gris – la gomme gris**e**

5, U 6, LZ 3;
6, U 15, LZ 4

Adjektive, die im Maskulin auf -e auslauten, bleiben unveränderlich:

un jeune dentiste – un**e** jeune dentiste

Die Adjektive *beau, nouveau* und *vieux* zeigen in der Stellung vor dem Nomen die folgenden Formen:

		Singular		Plural	
vor Konsonant	maskulin	un **beau** un **nouveau** un **vieux**	tapis	de **beaux** de **nouveaux** de **vieux**	tapis
vor Vokal	maskulin	un **bel** un **nouvel** un **vieil**	ordinateur	de **beaux** de **nouveaux** de **vieux**	ordinateurs
	feminin	une **belle** une **nouvelle** une **vieille**	chaise armoire	de **belles** de **nouvelles** de **vieilles**	chaises armoires

8, U 12, LZ 2

Die Adjektive *fou, fol, folle* und *mou, mol, molle* kennen ebenfalls zwei Formen im Maskulin vor dem Nomen, treten jedoch nur sehr selten in dieser Stellung auf.

Die von diesen Regeln abweichenden Bildungen sind recht zahlreich, weshalb im Lernwortschatz und im *Lexique* immer sowohl die maskuline wie die feminine Form des Adjektivs aufgeführt werden. Abweichende Bildungen sind die folgenden:

a   Adjektive, die im Maskulin auf -eux auslauten, enden im Feminin auf -euse:

dangereux – dangereuse	délicieux – délicieuse	heureux – heureuse

b   Adjektive, die im Maskulin auf -er auslauten, enden im Feminin auf -ère:

cher – chère	fier – fière	dernier – dernière
premier – première		

cher – chère und *fier – fière* werden gleich ausgesprochen.

c   Adjektive, die im Maskulin auf -f auslauten, enden im Feminin auf -ve:

neuf – neuve	sportif – sportive	vif – vive
bref – br**è**ve		

d Bei einzelnen Adjektiven wird der Schlusskonsonant verdoppelt:

ancien – ancienne	bon – bonne	quotidien – quotidienne
émotionnel – émotionnelle	essentiel – essentielle	réel – réelle
bas – basse	gros – grosse	pareil – pareille
muet – muette	violet – violette	

aber: inquiet – inqui**ète**

e Weitere unregelmässige Bildungen sind:

blanc – blanche franc – franche	frais – fraîche sec – sèche	doux – douce faux – fausse
long – longue	rigolo – rigolote	

Beachte den Unterschied der Aussprache bei den Adjektiven, die im Maskulin auf -*n* auslauten:
bon – bonne; brun – brune; chacun – chacune; prochain – prochaine usw.

3
Comparatif et superlatif
Komparativ und Superlativ

3.1 Le comparatif
der Komparativ

Suzanne est	**plus grande moins grande aussi grande**	que Sylvie.

Für *bon/ne* lauten die Formen:

Ces gâteaux sont	**meilleurs moins bons aussi bons**	que ceux de ma mère.

8, U 10, LZ 4

3.2 Le superlatif
der Superlativ

Suzanne et Sylvie sont les élèves	**les plus grandes les moins grandes**	de leur classe.

Für *bon/ne* lauten die Formen:

Les gâteaux de ma mère sont	**les meilleurs. les moins bons.**

8, U 14, LZ 4

Das Adverb ist eine unveränderliche Sonderform des Adjektivs. Während sich Adjektive immer auf ein Nomen beziehen und sich diesem in Zahl und Geschlecht angleichen:

Georges a des idées **claires.** Ses idées sont **claires.**

beziehen sich die Adverbien zumeist auf ein Verb:

Georges parle **clairement.**

Sie können sich aber auch auf ein Adjektiv oder einen ganzen Satz beziehen:

Cette route est **extrêmement** dangereuse . **Heureusement,** tu ne l'as pas choisie .

Das Adverb wird üblicherweise mit dem Feminin des Adjektivs und der Endung *-ment* gebildet:

heureux, heureuse → heureuse**ment**

9, U 18, LZ 3   clair, claire   → claire**ment**, etc.

Die Adverbien von *bon* und *mauvais* sind *bien* und *mal:*

8, U 14, LZ 6*
9, U 18, LZ 3◊   Ce sont de **bons** amis. Je les aime **bien.**

9, U 18, LZ 3   Ce sont de **mauvais** conseils. On m'a **mal** conseillé.

Der Komparativ von *bien* lautet *mieux* und der Superlativ *le mieux.*

Alfred joue **bien,** mais Madeleine joue **mieux** que lui. – C'est Yvonne qui joue **le mieux.**

8, U 14, LZ 6*

Die Adverbien *très* und *si* beziehen sich ausschliesslich auf Adjektive; beim Verb verwendet man in gleicher Bedeutung *beaucoup* und *tant:*

Il est **très** fort .	Il s'entraîne **beaucoup.**
Elle est **si** charmante .	Je l' aime **tant.**

9, U 18, LZ 3

5
L'article der Artikel

5, U 3,
LZ 2 und 4

5.1 L'article défini der bestimmte Artikel

Singular	vor Konsonant	maskulin	**le**	gâteau
		feminin	**la**	salade
	vor Vokal	m. und f.	**l'**	œuf
			l'	amande
Plural		m. und f.	**les**	gâteaux
			les	salades

Beachte die Aussprache von *les* vor Vokal: *les‿amandes.*

5.2 L'article indéfini (et partitif) der unbestimmte (und Teilungs-)Artikel

5, U 2, LZ 4

7, U 3, LZ 2

Singular		maskulin	**un**	gâteau
		feminin	**une**	salade
Plural		m. und f.	**des**	gâteaux
			des	salades
unbestimmte Menge	vor Konsonant	maskulin	**du**	café
		feminin	**de la**	bière
	vor Vokal	m. und f.	**de l'**	eau

Beachte die Aussprache von *des* vor Vokal: *des‿amandes.*

Nach der Verneinung werden diese Artikel durch *de (d')* ersetzt:

> Est-ce que tu as une moto? – Non, je n'ai pas **de** moto.
> Est-ce que tu prends des médicaments? – Non, je ne prends pas **de** médicaments.
> Est-ce que tu veux de l'eau? – Non, je ne veux pas **d'**eau.

Nach Mengenangaben wird ebenfalls *de (d')* gebraucht:

7, U 3, LZ 2

> Je bois une tasse **d'**ovomaltine.
> Je prends une tablette **de** chocolat.

> Je prends beaucoup **de** biscuits.

5.3 à + article défini à + bestimmter Artikel

au, à la:
6, U 12, LZ 3;
aux:
7, U 8, LZ 3, 4

à + le		à + la		à + l'		à + les	
au	père	**à la**	mère	**à l'**	enfant	**aux**	parents

Beachte die Aussprache von *aux* vor Vokal: *aux‿enfants.*

5.4 de + article défini de + bestimmter Artikel

du, de la:
6, U 11, LZ 1

de + le		de + la		de + l'		de + les	
du	père	**de la**	mère	**de l'**	enfant	**des**	parents

Beachte die Aussprache von *des* vor Vokal: *des‿enfants.*

6
Le démonstratif

das Demonstrativum

6.1 L'adjectif démonstratif

der Demonstrativbegleiter

		Singular		Plural	
maskulin	vor Konsonant	**ce**	lac	**ces**	lacs
maskulin	vor Vokal	**cet**	arbre	**ces**	arbres
feminin		**cette**	forêt	**ces**	forêts

6, U 17, LZ 5

Beachte die Aussprache von *ces* vor Vokal: *ces arbres*.

6.2 Le pronom démonstratif

das Demonstrativpronomen

	Singular		Plural	
maskulin	**celui-**	ci	**ceux-**	ci
maskulin	**celui-**	là	**ceux-**	là
feminin	**celle-**	ci	**celles-**	ci
feminin	**celle-**	là	**celles-**	là

8, U 14, LZ 2

Die Formen auf *-ci* bezeichnen näher liegende Gegenstände oder Personen (dt. dieser, -e, -es); die Formen auf *-là* die entfernter liegenden (dt. jener, -e, -es):

> Je prends ce gâteau. Non, pas celui-là, celui-ci!

Folgt eine Ergänzung auf das Pronomen, so entfallen *-ci* und *-là*:

> Cette jupe est plus courte que celle que je porte et que celle de mon amie.

7
L'adjectif possessif

der Possessivbegleiter

	Singular						Plural	
	maskulin		feminin vor Vokal		feminin vor Konsonant		m. und f.	
1. Pers. Sg.	**mon**		**mon**		**ma**		**mes**	
2. Pers. Sg.	**ton**	chien	**ton**	auto	**ta**	chienne	**tes**	chats/chattes
3. Pers. Sg.	**son**		**son**		**sa**		**ses**	
1. Pers. Pl.	**notre**		**notre**		**notre**		**nos**	
2. Pers. Pl.	**votre**	chien	**votre**	auto	**votre**	chienne	**vos**	chats/chattes
3. Pers. Pl.	**leur**		**leur**		**leur**		**leurs**	

sg.:
5, U 4, LZ 5;
*notre, votre /
nos, vos:*
7, U 1, LZ 5;
leur/s:
7, U 1, LZ 5*

Beachte die Aussprache der Pluralformen vor Vokal: *mes animaux, tes animaux, ses animaux* usw.

Im Gegensatz zum Deutschen unterscheidet das Französische in der 3. Person nicht, ob der Besitzer maskulin oder feminin ist:

> Jean joue avec **son** copain et **sa** copine.
> Marie sort avec **son** copain et **sa** copine.

> Hans spielt mit **seinem** Kollegen und **seiner** Kollegin.
> Marie geht mit **ihrem** Kollegen und **ihrer** Kollegin aus.

8
L'adjectif tout
das Adjektiv tout

	Singular	Plural
maskulin	Marie a lu **tout** le livre.	Marie a lu **tous** les livres.
feminin	Marie a lu **toute** la revue.	Marie a lu **toutes** les revues.

Tout, toute im Singular bedeutet «ganze» und *tous, toutes* im Plural «alle»;
8, U 9, LZ 2 «jeder, jede, jedes» wird meist mit *chaque* übersetzt.

9
Le pronom personnel
das Personalpronomen

9.1   Le pronom sujet
das Subjektpronomen

sujet	verbe		pronom sujet	verbe	
Pierre	chante	une chanson. →	Il	chante	une chanson.
Marie	aime	la musique. →	Elle	aime	la musique.

pronom sujet		pronom sujet	
je	chante	j'	aime
tu	chantes	tu	aimes
il/elle/on	chante	il/elle/on‿	aime
nous	chantons	nous‿	aimons
vous	chantez	vous‿	aimez
ils/elles	chantent	ils‿ elles‿	aiment

sg.:
5, U 4, LZ 2;
pl.:
6, U 11, LZ 2

9.2   Le pronom tonique
das betonte Pronomen

– **Moi,** je ne connais pas cette chanteuse.
– Tu ne la connais pas, **toi?**
– Mais **lui,** il la connaît.
– Et **elle** aussi, elle la connaît.
– **Nous,** nous la connaissons aussi.
– Ah oui! vous la connaissez, **vous?**
– **Eux,** ils ne connaissent personne.
8, U 13, LZ 8* – Mais **elles,** elles connaissent tout le monde.

Das *pronom tonique* dient in all diesen Fällen zur Verstärkung des *pronom sujet*.
Es tritt aber auch noch in anderen Funktionen auf:

zur Verstärkung des *pronom objet direct:*	*Je ne les connais pas, **eux**.*
nach einer Präposition:	*Ils étaient à l'école avec **nous**.*
nach *c'est:*	*C'est **toi**? – C'est **moi**.*
ohne Verb:	*Qui est là? – **Moi**.*

mit *même/mêmes* in der Bedeutung von selber/selbst: *Fais-le toi-même!*

9.3 Le pronom objet direct — das direkte Objektpronomen

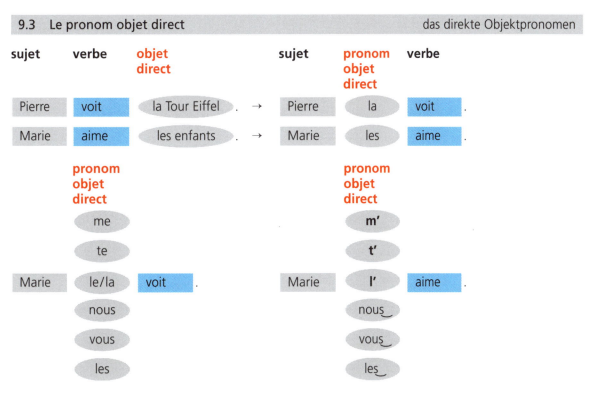

sujet	verbe	objet direct		sujet	pronom objet direct	verbe
Pierre	voit	la Tour Eiffel .	→	Pierre	la	voit .
Marie	aime	les enfants .	→	Marie	les	aime .

	pronom objet direct				pronom objet direct	
	me				m'	
	te				t'	
Marie	le/la	voit .		Marie	l'	aime .
	nous				nous‿	
	vous				vous‿	
	les				les‿	

7, U 7, LZ 2

9.4 Le pronom objet indirect — das indirekte Objektpronomen

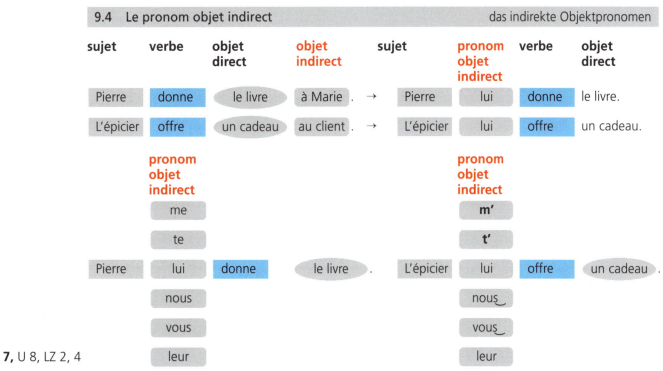

sujet	verbe	objet direct	objet indirect		sujet	pronom objet indirect	verbe	objet direct
Pierre	donne	le livre	à Marie .	→	Pierre	lui	donne	le livre.
L'épicier	offre	un cadeau	au client .	→	L'épicier	lui	offre	un cadeau.

	pronom objet indirect					pronom objet indirect		
	me					m'		
	te					t'		
Pierre	lui	donne	le livre .		L'épicier	lui	offre	un cadeau .
	nous					nous‿		
	vous					vous‿		
	leur					leur		

7, U 8, LZ 2, 4

9.5 Le pronom réfléchi — das rückbezügliche Pronomen

beim **Indikativ**

						beim (affirmativen) **Imperativ**	
je	**me**	prépare	je	**m'**	entraîne		
tu	**te**	prépares	tu	**t'**	entraînes	prépare-	**toi**
il/elle/on	**se**	prépare	il/elle/on	**s'**	entraîne		
nous	**nous**	préparons	nous	**nous**	entraînons	préparons-	**nous**
vous	**vous**	préparez	vous	**vous**	entraînez	préparez-	**vous**
ils/elles	**se**	préparent	ils/elles	**s'**	entraînent		

8, U 9, LZ 3

Beim negativen Imperativ stehen die Pronomen ebenfalls vor dem Verb: *Ne vous préparez pas.*

9.6 Les pronoms y et en — die Pronomen y und en

y ersetzt *à* + Nomen, wenn dieses der Ortsangabe dient:

> Mes parents sont **à Paris.** Ils **y** sont allés en avion. Ils **y** passent leurs vacances.

8, U 11, LZ 3

oder generell, wenn das Nomen eine Sache und nicht eine Person bezeichnet:

> | | Tu as répondu *à sa lettre?* – Oui, j'**y** ai répondu. |
> |---|---|
> | **aber** | Tu as répondu *à Julie?* – Non, je ne **lui** ai pas répondu. |

Ausnahme:

> | | Tu as pensé *à tes devoirs?* – Oui, j'**y** ai pensé. |
> |---|---|
> | **aber** | Tu as pensé *à tes copines?* – Non, je n'ai pas pensé **à elles.** |

9, U 20, LZ 4 *

en ersetzt *de* + Nomen, wenn das Nomen eine Sache und nicht eine Person bezeichnet:

> | | Tu te souviens *de cette histoire?* – Je m'**en** souviens très bien. |
> |---|---|
> | **aber** | Tu te souviens de *notre ami Jean-Claude?* – Non, je ne me souviens pas **de lui.** |

> Il est entré dans le magasin quand j'**en** sortais *(du magasin).*

9, U 20, LZ 4 *

en dient als *pronom objet direct,* wenn es ein Nomen mit einem *article partitif (du, de la, de l'; des)* oder einen solchen mit einer Quantitätsangabe ersetzt:

> Tu as acheté *de l'eau minérale?* – Oui, j'**en** ai acheté.
> Et combien *de bouteilles?* – J'**en** ai acheté **six.**

8, U 11, LZ 6

9.7   L'ordre des pronoms

Vor dem Verb folgen sich die Pronomen in folgender Weise:

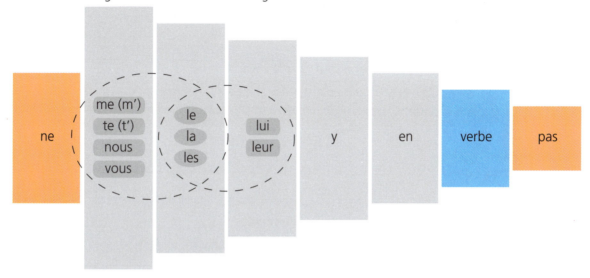

Beim affirmativen Imperativ werden die Pronomen in folgender Reihenfolge (mit Bindestrich) ans Verb angehängt:

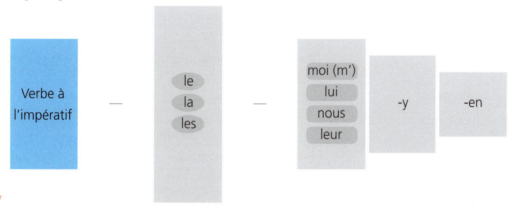

9, U 21, LZ 2*

10
Le pronom relatif

Im Relativsatz wird das Subjekt durch das Pronomen *qui* und das direkte Objekt durch das Pronomen *que* ersetzt:

Un homme se trouve sur cette photo. L'homme est un célèbre physicien.

→ L'homme qui se trouve sur cette photo est un physicien célèbre.

Tu vois un homme sur cette photo. L'homme est un célèbre physicien.

→ L'homme que tu vois sur cette photo est un physicien célèbre.

8, U 15, LZ 3*
9, U C2, LZ 4◊

Das Relativpronomen *où* führt Ortsangaben ein:

> Voici l'usine. Mon père travaille **dans cette usine.**
> → Voici l'usine **où** mon père travaille.
> Le restaurant n'est pas très grand. Nous allons **dans ce restaurant.**
> → Le restaurant **où** nous allons n'est pas très grand.

8, U 15, LZ 3*
9, U C2, LZ 4◊

Das Relativpronomen *dont* ersetzt *de* + Nomen:

> Le sketch est fort amusant. Fernand Reynaud est l'auteur **de ce sketch.**
> → Le sketch **dont** Fernand Renaud est l'auteur est fort amusant.

9, U 18, LZ 4*

11
Les verbes   die Verben

11.1   La formation des temps et des modes   die Bildung der Zeiten und Modi

Le présent de l'indicatif et l'impératif   das Präsens Indikativ und der Imperativ

Aufgrund ihrer Endungen im Präsens Indikativ und im Imperativ lassen sich die französischen Verben in zwei Gruppen aufteilen. Einzig *avoir, être, faire, aller* und *dire* zeigen darüber hinaus abweichende Endungen. Zur Gruppe A gehören alle Verben mit dem Infinitiv auf *-er* und die einstämmigen mit dem Infinitiv auf *-ir* (wie z.B. *ouvrir*), zur Gruppe B alle anderen:

		Gruppe A		Gruppe B	
		Présent	**Impératif**	**Présent**	**Impératif**
Singular	je	-e		-s	
	tu	-es	-e	-s	-s
	il, elle, on	-e		-t*	
		Beide Gruppen			
		Présent	**Impératif**	**Présent**	**Impératif**
Plural	nous	-ons	-ons	-ons	-ons
	vous	-ez	-ez	-ez	-ez
	ils, elles	-ent		-ent	

*Die Endung *-t* entfällt bei Verben, deren Stamm auf *-d* oder *-t* auslautet
(*je prend-s,* aber *il prend; je met-s,* aber *elle met*).

L'imparfait de l'indicatif   das Präteritum Indikativ

Das *imparfait* wird mit dem Stamm der 1. Person Plural und den Endungen *-ais, -ais, -ait; -ions, -iez, -aient* gebildet. Die einzige Ausnahme von dieser Regel ist das *imparfait* von *être,* das mit dem Stamm *ét-* gebildet wird:

prendre	→	nous **prenons**		être	→	nous **sommes**
	→	Stamm **pren-**			→	Stamm **ét-**
je prenais		nous prenions		j'étais		nous étions
tu prenais		vous preniez		tu étais		vous étiez
il/elle prenait		ils/elles prenaient		il/elle était		ils/elles étaient

Das *futur simple* war ursprünglich eine zusammengesetzte Form, die mit dem Infinitiv und dem Präsens von *avoir* gebildet wurde. Diese Herkunft ist heute noch deutlich erkennbar.

Das **conditionnel** bildet sich in gleicher Weise wie das **futur simple,** zeigt jedoch die Endungen des Präteritums.

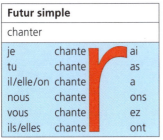

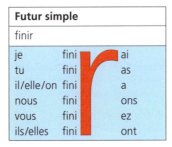

9, U 19, LZ 1

9, U 17, LZ 2

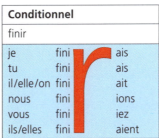

Eine Anzahl von Formen werden jedoch nicht vom Infinitiv aus gebildet. So verwenden die zweistämmigen Verben auf *-er* fast durchgehend den Stamm des Präsens Singular:

Infinitif	Présent singulier	Futur	Conditionnel
employer	j'emploie	j'emploi-er-**ai**	j'emploi-er-**ais**
essuyer	j'essuie	j'essui-er-**ai**	j'essui-er-**ais**
payer	je paie/paye	je pai-er-**ai**/payer**ai**	je pai-er-**ais**/payer**ais**
acheter	j'achète	j'achèt-er-**ai**	j'achèt-er-**ais**
appeler	j'appelle	j'appell-er-**ai**	j'appell-er-**ais**
aber:			
espérer	(j'espère)	j'espér**erai**	je espér**erais**

9, U 19, LZ 3

Folgende Verben verwenden eigene Stämme für *futur* und *conditionnel*, darunter alle Verben auf *-oir:*

Infinitif	Futur	Conditionnel
aller	j'irai	j'irais
envoyer	j'enverrai	j'enverrais
venir	je viendrai	je viendrais
tenir	je tiendrai	je tiendrais
faire	je ferai	je ferais
être	je serai	je serais

Infinitif	Futur	Conditionnel
avoir	j'aurai	j'aurais
falloir	il faudra	il faudrait
pouvoir	je pourrai	je pourrais
voir	je verrai	je verrais
devoir	je devrai	je devrais
pleuvoir	il pleuvra	il pleuvrait
savoir	je saurai	je saurais
vouloir	je voudrai	je voudrais

Le subjonctif présent — das Präsens des *subjonctif*

Die Formen des Präsens des *subjonctif* werden in der 1. und 2. Person Plural vom Stamm der 1. Person Plural und in den übrigen Personen vom Stamm der 3. Person Plural des Präsens Indikativ abgeleitet. Die Endungen sind -e, -es, -e; -ions, -iez, -ent.

préférer	
ils/elles **préfèr**ent →	que je préfèr**e** que tu préfèr**es** qu'il/elle préfèr**e**
nous **préfér**ons →	que nous préfér**ions** que vous préfér**iez**
ils/elles **préfèr**ent →	qu'ils/elles préfèr**ent**

venir	
ils/elles **vienn**ent →	que je vienn**e** que tu vienn**es** qu'il/elle vienn**e**
nous **ven**ons →	que nous ven**ions** que vous ven**iez**
ils/elles **vienn**ent →	qu'ils/elles vienn**ent**

Einen eigenen Stamm in allen Formen des *subjonctif présent* weisen die folgenden Verben auf:

faire	*savoir*	*pouvoir*
que je **fass**e	que je **sach**e	que je **puiss**e
que nous **fass**ions	que nous **sach**ions	que nous **puiss**ions

Einzig im Singular und in der 3. Person Plural weisen die folgenden Verben einen eigenen Stamm auf:

aller	*vouloir*
que j'**aill**e	que je **veuill**e
que nous allions	que nous voulions
qu'ils/elles **aill**ent	qu'ils/elles **veuill**ent

Bei den Verben *être* und *avoir* sind sowohl Stamm wie Endungen unregelmässig:

être	*avoir*
que je sois	que j'aie
que tu sois	que tu aies
qu'il/elle soit	qu'il/elle ait
que nous soyons	que nous ayons
que vous soyez	que vous ayez
qu'ils/elles soient	qu'ils/elles aient

9, U 23, LZ 2 △

Les formes composées du verbe — die zusammengesetzten Formen des Verbs

Als zusammengesetzte Formen des Verbs bezeichnen wir diejenigen, die mit den Hilfsverben *avoir* oder *être* und dem Partizip II gebildet werden.

Das *passé composé* wird mit dem Präsens, das *plus-que-parfait* mit dem *imparfait* des Hilfsverbs gebildet:

Amélie **a retrouvé** le parapluie qu'elle **avait oublié** à l'école.

Es besteht ausserdem ein *conditionnel passé* (oder conditionnel II) und ein *subjonctif passé:*

Sans toi, je n'**aurais** pas **réussi**. Je suis content/e que nous **ayons travaillé** ensemble.

Hilfsverb avoir

Die meisten zusammengesetzten Formen werden mit dem Hilfsverb *avoir* gebildet:

6, U 17, LZ 2△

> J'**ai** cherché mon journal. Tu **as** trouvé ton livre. Elle **a** été à l'école, etc.

Im Normalfall bleibt dabei das Partizip II unveränderlich. Geht ihm jedoch ein direktes Objekt voran (üblicherweise ein Objektpersonal- oder ein Relativpronomen), so gleicht es sich in Zahl und Geschlecht an dieses an:

> Je te présente Angélique **que** mon ami Jean-Christophe a épousé**e** l'année dernière.
> Je **les** ai rencontré**s** sur la Côte-d'Azur.

Achtung! Bei *me, te, nous* und *vous* ist zu unterscheiden, ob sie ein direktes oder ein indirektes Objekt vertreten. Die Angleichung tritt natürlich nur beim direkten Objekt ein.

9, U 20, LZ 5△

> La prof **nous** a appelé**/e/s.** Elle nous a dit qu'elle n'était pas contente.

Hilfsverb être

Mit *être* werden die zusammengesetzten Formen dagegen in den folgenden beiden Fällen gebildet:

mit den «verbes de la gare» *(aller, arriver, venir, entrer, monter, descendre, partir, rester, sortir, tomber):*

> Je **suis** sorti/e de l'école. Tu **es** allé/e à la gare. Le train **est** parti, etc.

In diesem Fall richtet sich das Partizip in Zahl und Geschlecht nach dem Subjekt des Satzes:

7, U 2, LZ 4

> La locomotive est parti**e.** Les wagons sont resté**s** en gare.

mit den *verbes pronominaux:*

8, U 9. LZ 4*;
9, U C1, LZ 4◊

> Jacqueline s'**est** beaucoup entraîné**e.** Elle ne s'**est** jamais reposé**e.**

11.2	L'emploi des temps et des modes	der Gebrauch der Zeiten und Modi

Les temps	die Zeiten

Die Zeiten sagen aus, ob die entsprechende Handlung bevor, nachdem oder während ich spreche, stattgefunden hat.

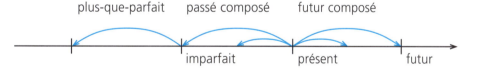

L'emploi de *l'imparfait* et du *passé composé*	der Gebrauch des Präteritums und des Perfekts

Das *imparfait* beschreibt einen auf unbestimmte Zeit andauernden Zustand. In Erzählungen kommt ihm die Rolle zu, den Hintergrund einer Geschichte zu erzählen. – *Il **faisait** tard.* – *C'**était** ma cousine.*	Das *passé composé* stellt eine in sich abgeschlossene Handlung dar. In Erzählungen stehen die wichtigen Ereignisse im *passé composé*. – *On **a frappé** à la porte.* – *Elle **est entrée**, et nous **avons bavardé** pendant une heure.*
Das *imparfait* kann auch dazu dienen, eine sich wiederholende Handlung zu beschreiben: *Pendant les vacances, je **faisais** souvent du vélo.*	Das *passé composé* drückt eine einmalige Handlung aus: *Hier, j'**ai fait** du vélo.*

8, U 13, LZ 3

8, U 15, LZ 6*;
9, U C4, LZ 2□

Le plus-que-parfait	das Plusquamperfekt

Das Plusquamperfekt dient dazu, etwas zu bezeichnen, das weiter zurückliegt als die Handlungen, welche im *passé composé* oder im *imparfait* ausgedrückt werden.

8, U 16, LZ 5*;
9, U C4, LZ 3◊

> J'ai mis les chaussures que j'**avais achetées** dans mes vacances.
> J'étais content/e parce que j'**avais fini** mes devoirs.

L'emploi du *futur simple* et du *futur composé*	der Gebrauch des einfachen und des zusammengesetzten Futurs

Das *futur composé* bezeichnet Ereignisse, die näher in der Zukunft liegen und deren Eintreten wahrscheinlicher ist, als diejenigen, die im *futur simple* stehen.

> Je **vais faire** mes devoirs tout de suite.

> Dans un siècle, **on passera** ses vacances sur la lune.

9, U 19, LZ 2*

Das *futur simple* lässt sich auch anstelle des Imperativs verwenden: *Tu ne tueras point.*

Les modes	die Modi

Der häufigste Modus ist der Indikativ. Er dient dazu, Aussagen zu machen, und verfügt als einziger über alle Zeitformen. Der Imperativ drückt dagegen Aufforderungen aus. Er hat nur eine Zeitform.

Daneben kennt das Französische noch das *conditionnel* und den *subjonctif*. Diese beiden Modi haben keine direkte Entsprechung im Deutschen, da der dritte Modus des Deutschen, der Konjunktiv, eine ganz andere Funktion hat.

L'emploi du *conditionnel*   der Gebrauch des *conditionnel*

Das *conditionnel* dient dem Ausdruck der blossen Möglichkeit:

Qu'est-ce que je **ferais** sans toi? Je crois que je **serais** perdu.

In dieser Funktion tritt er auch im Hauptsatz nach einem irrealen Bedingungssatz auf:

Je ne **travaillerais** plus si j'étais riche.

Das *conditionnel* wird auch dazu verwendet, Aufforderungen betont höflich auszudrücken:

Pourriez-vous me dire l'heure?
Auriez-vous l'amabilité de me prêter votre stylo?

9, U 17, LZ 2, 3

L'emploi du *subjonctif*   der Gebrauch des subjonctif

Der *subjonctif* tritt fast nur in Nebensätzen auf. Seine Funktion hängt deshalb von der Art des Nebensatzes ab. Er tritt insbesondere auf:

– nach Ausdrücken des Wollens, des Wünschens und der Notwendigkeit:

Je veux que l'on **puisse** vivre en paix.
Je souhaite qu'il n'y **ait** plus de guerre.
Il faut que tout le monde le **comprenne.**

– nach Ausdrücken von Gefühlen und Bewertungen:

J'ai peur que nous **manquions** le train.
J'aime mieux que nous **soyons** à l'heure.

– nach gewissen Konjunktionen wie *pour que, jusqu'à ce que, avant que, bien que* und *sans que:*

J'attends Daniel *pour qu'*il **puisse** me le dire personnellement.
Je resterai *jusqu'à ce qu'*il **vienne.**

9, U 23, LZ 3, 4△

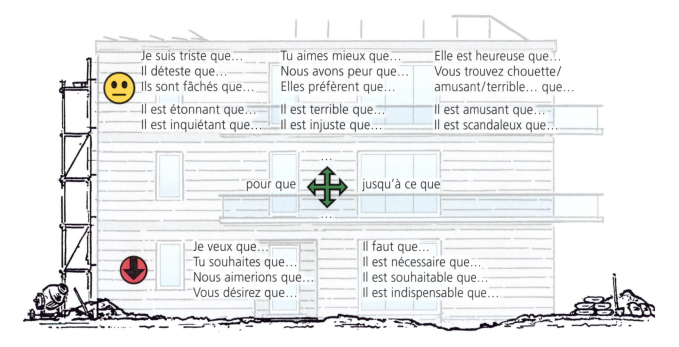

Le passif   das Passiv

Diejenigen Verben, die sich mit einem *objet direct* konstruieren, kennen neben dem so genannten Aktiv eine zweite Konstruktionsweise, das Passiv. Dieses erlaubt es, das Subjekt des Aktivsatzes wegzulassen, sofern man dieses nicht nennen will oder kann. Das *objet direct* des Passivsatzes wird dabei zum Subjekt des Passivsatzes:

Aktiv   Michel   allume   la lampe .

Passiv ohne Urheber   La lampe   est allumée .

Das Subjekt des Aktivsatzes kann aber auch im Passivsatz nach dem Verb wieder eingeführt werden, was zumeist mit Hilfe der Präposition *par* geschieht:

Passiv mit Urheber   La lampe   est allumée   par Michel.

Das Passiv des Verbs wird dabei mit dem Hilfsverb *être* und dem Partizip II gebildet, wobei das Hilfsverb in allen Zeiten und Modi (mit Ausnahme des Imperativs) stehen kann:

La lampe	est a été était sera serait	allumée.

9, U 22, LZ 2*

Le *participe présent* et le *gérondif*   das Partizip I und der *gérondif*

Das Partizip I wird mit dem Stamm der 1. Person Plural des Indikativ Präsens und der Endung *-ant* gebildet:

préférer: nous préfér**ons** → préfér**ant**	tenir: nous ten**ons** → ten**ant**

Die einzigen Ausnahmen sind: *être* (**étant**), *avoir* (**ayant**) und *savoir* (**sachant**).

Als *gérondif* bezeichnet man die Konstruktion *en + participe présent*. Man kann den *gérondif* dazu verwenden, die Art und Weise, wie etwas geschieht, auszudrücken:

L'appétit vient **en mangeant.** On ouvre une boîte **en utilisant** un ouvre-boîte.

Er dient auch zur Darstellung gleichzeitiger Handlungen:

Marguerite chante **en travaillant.** Je l'ai vue **en entrant.**

9, U 22, LZ 3*

Le *passé récent* et *être en train de*

Das *passé récent* wird mit *venir de* + Infinitiv gebildet; es drückt aus, dass eine Handlung soeben beendet wurde:

Vous avez de la chance; le paquet **vient d'arriver.**
Pascale était fatiguée; elle **venait de gagner** la course.

Wenn man das Andauern einer Handlung besonders hervorheben will, kann man die Konstruktion *être en train de* + Infinitiv verwenden:

Je ne peux pas te passer Jean-Pierre. Il **est en train de monter** les rideaux.
J'**étais en train de lire** le journal quand on a frappé à la porte.

9, U 21, LZ 3*

11.4   Les conjugaisons   die Konjugationen

Le groupe A   die Gruppe A

11.4.1   Einstämmige Verben auf *-er*

Infinitif		chant**er**	Impératif
Présent	je	chant**e**	
	tu	chant**es**	chant**e**
	il/elle/on	chant**e**	
	nous	chant**ons**	chant**ons**
	vous	chant**ez**	chant**ez**
	ils/elles	chant**ent**	
Passé composé	j'ai	chant**é**	
Imparfait	je	chant**ais**	
Subjonctif présent	que je	chant**e**	
Futur simple	je	chant**erai**	

présent:
6, U 11, LZ 2

In gewissen Fällen ändern die Verben auf *-ger* und *-cer* auf Grund der Aussprache ihre Orthografie (im *présent* und im *imparfait*):
*présent: nous mang**e**ons / nous commen**ç**ons*
*imparfait: elle mang**e**ait / ils commen**ç**aient*

8, U 12, LZ 6

11.4.2   Zweistämmige Verben auf *-er*

Infinitif		pay**er**	nettoy**er**	essuy**er**
Présent	je/j'	pai**e** (pay**e**)	nettoi**e**	essui**e**
	tu	pai**es** (pay**es**)	nettoi**es**	essui**es**
	il/elle/on	pai**e** (pay**e**)	nettoi**e**	essui**e**
	nous	pay**ons**	nettoy**ons**	essuy**ons**
	vous	pay**ez**	nettoy**ez**	essuy**ez**
	ils/elles	pai**ent** (pay**ent**)	nettoi**ent**	essui**ent**
Passé composé	j'ai	pay**é**	nettoy**é**	essuy**é**
Imparfait	je/j'	pay**ais**	nettoy**ais**	essuy**ais**
Subjonctif	que je/j'	pai**e** (pay**e**)	nettoi**e**	essui**e**
	que nous	pay**ions**	nettoy**ions**	essuy**ions**
Futur	je/j'	pai-er-**ai** (pay**erai**)	nettoi-er-**ai**	essui-er-**ai**

Autres verbes:
balayer, bégayer, essayer;
aboyer, employer;
appuyer, (s')ennuyer

9, U 19, LZ 3   *Envoyer* wird wie *nettoyer* konjugiert mit Ausnahme des *futur,* das wie jenes von *voir* gebildet wird:

Infinitif		acheter	appeler	préférer
Présent	j'/je	achète	appelle	préfère
	tu	achètes	appelles	préfères
	il/elle/on	achète	appelle	préfère
	nous	achetons	appelons	préférons
	vous	achetez	appelez	préférez
	ils/elles	achètent	appellent	préfèrent
Passé composé	j'ai	acheté	appelé	préféré
Imparfait	j'/je	achetais	appelais	préférais
Subjonctif	que j'/je	achète	appelle	préfère
	que nous	achetions	appelions	préférions
Futur	j'/je	achèt-er-ai	appell-er-ai	préférerai

Autres verbes:
geler;
rappeler, jeter, projeter;
considérer, espérer, tolérer

acheter, préférer:
8, U 10, LZ 6;
appeler:
9, U 19, LZ 3

11.4.3   Einstämmige Verben auf *-ir* (*participe passé* en *-ert*)

Infinitif		ouvrir
Présent	j'	ouvre
	tu	ouvres
	il/elle/on	ouvre
	nous	ouvrons
	vous	ouvrez
	ils/elles	ouvrent
Passé composé	j'ai	ouvert
Imparfait	j'	ouvrais
Subjonctif	que j'	ouvre
Futur	j'	ouvrirai

Autres verbes:
couvrir, offrir, souffrir

8, U 11, LZ 8*;
9, U C4, LZ 1◊

11.4.4 Zweistämmige Verben auf *-ir*

Infinitif		partir	sortir	dormir	servir
Présent	je	par**s**	sor**s**	dor**s**	ser**s**
	tu	par**s**	sor**s**	dor**s**	ser**s**
	il/elle/on	par**t**	sor**t**	dor**t**	ser**t**
	nous	part**ons**	sort**ons**	dorm**ons**	serv**ons**
	vous	part**ez**	sort**ez**	dorm**ez**	serv**ez**
	ils/elles	part**ent**	sort**ent**	dorm**ent**	serv**ent**
Passé composé	je suis/j'ai	part**i/e**	sort**i/e**	dormi	servi
Imparfait	je	part**ais**	sort**ais**	dorm**ais**	serv**ais**
Subjonctif	que je	part**e**	sort**e**	dorm**e**	serv**e**
Futur	je	partir**ai**	sortir**ai**	dormir**ai**	servir**ai**

partir, sortir:
7, U 2, LZ 6
dormir, servir:
8, U 11, LZ 8*;
9, U C2, LZ 2◊

Infinitif		finir
Présent	je	fini**s**
	tu	fini**s**
	il/elle/on	fini**t**
	nous	finiss**ons**
	vous	finiss**ez**
	ils/elles	finiss**ent**
Passé composé	j'ai	fini
Imparfait	je	finiss**ais**
Subjonctif	que je	finiss**e**
Futur	je	finir**ai**

Autres verbes:
réussir, obéir, se réjouir, réfléchir, grandir

8, U 15, LZ 5*

11.4.5 Dreistämmige Verben auf *-ir*

Infinitif		venir
Présent	je	vien**s**
	tu	vien**s**
	il/elle/on	vien**t**
	nous	ven**ons**
	vous	ven**ez**
	ils/elles	vienn**ent**
Passé composé	je suis	ven**u/e**
Imparfait	je	ven**ais**
Subjonctif	que je	vienn**e**
Futur	je	viendr**ai**

Autres verbes:
devenir, se souvenir, revenir;
tenir, retenir

8, U 11, LZ 4

11.4.6 Einstämmige Verben auf -re

Infinitif		sourire
Présent	je	souris
	tu	souris
	il/elle/on	sourit
	nous	sourions
	vous	souriez
	ils/elles	sourient
Passé composé	j'ai	souri
Imparfait	je	souriais
Subjonctif	que je	sourie
Futur	je	sourirai

Autre verbe:
rire

9, U 17, LZ 4

11.4.7 Zweistämmige Verben auf -re

Infinitif		mettre	vendre
Présent	je	mets	vends
	tu	mets	vends
	il/elle/on	met	vend
	nous	mettons	vendons
	vous	mettez	vendez
	ils/elles	mettent	vendent
Passé composé	j'ai	**mis**	vendu
Imparfait	je	mettais	vendais
Subjonctif	que je	mette	vende
Futur	je	mettrai	vendrai

Autres verbes:
commettre, permettre, promettre;
attendre, descendre, entendre, rendre, répondre

mettre:
7, U 3, LZ 3;
vendre, etc.:
7, U 8, LZ 5

Der Schlusskonsonant der blauen Formen ist stumm.

Infinitif		écrire	lire	dire
Présent	j'/je	écris	lis	dis
	tu	écris	lis	dis
	il/elle/on	écrit	lit	dit
	nous	écrivons	lisons	disons
	vous	écrivez	lisez	dites
	ils/elles	écrivent	lisent	disent
Passé composé	j'ai	écrit	**lu**	**dit**
Imparfait	j'/je	écrivais	lisais	disais
Subjonctif	que j'/je	écrive	lise	dise
Futur	j'/je	écrirai	lirai	dirai

écrire:
7, U 5, LZ 7*,
dire:
8, U 16, LZ 3*;
9, U C3, LZ 4◊

Infinitif		connaître
Présent	je	connais
	tu	connais
	il/elle/on	connaît
	nous	connaissons
	vous	connaissez
	ils/elles	connaissent
Passé composé	j'ai	connu
Imparfait	je	connaissais
Subjonctif	que je	connaisse
Futur	je	connaîtrai

Autres verbes:
paraître, disparaître

8, U 13, LZ 6

11.4.8   Dreistämmige Verben auf -re

Infinitif		prendre	boire
Présent	je	prends	bois
	tu	prends	bois
	il/elle/on	prend	boit
	nous	prenons	buvons
	vous	prenez	buvez
	ils/elles	prennent	boivent
Passé composé	j'ai	pris	bu
Imparfait	je	prenais	buvais
Subjonctif	que je	prenne	boive
Futur	je	prendrai	boirai

Autres verbes:
apprendre, comprendre

venir, tenir:
8, U 11, LZ 4
boire:
9, U 17, LZ 4

11.4.9   Verben der Gruppe B mit der Alternanz *oi/oy*

Infinitif		voir	croire
Présent	je	vois	crois
	tu	vois	crois
	il/elle/on	voit	croit
	nous	voyons	croyons
	vous	voyez	croyez
	ils/elles	voient	croient
Passé composé	j'ai	vu	cru
Imparfait	je	voyais	croyais
Subjonctif	que je	voie	croie
	que nous	voyions	croyions
Futur	je	verrai	croirai

voir:
7, U 7, LZ 3;
croire:
8, U 14, LZ 6

11.4.10 Verben auf -oir

Infinitif		savoir
Présent	je	sais
	tu	sais
	il/elle/on	sait
	nous	savons
	vous	savez
	ils/elles	savent
Passé composé	j'ai	su
Imparfait	je	savais
Subjonctif	que je	sache
	que nous	sachions
Futur	je	saurai

Infinitif	s'	asseoir
Présent	je m'	assieds (assois)
	tu t'	assieds (assois)
	il/elle/on s'	assied (assoit)
	nous nous	asseyons (assoyons)
	vous vous	asseyez (assoyez)
	ils/elles s'	asseyent (assoient)
Passé composé	je me suis	assis/e
Imparfait	je m'	asseyais (assoyais)
Subjonctif	que je m'	asseye (assoie)
	que nous nous	asseyions (assoyions)
Futur	je m'	assiérai (assoirai)

savoir:
8, U 12, LZ 4

Infinitif		devoir	recevoir	pouvoir	vouloir
Présent	je	dois	reçois	peux	veux
	tu	dois	reçois	peux	veux
	il/elle/on	doit	reçoit	peut	veut
	nous	devons	recevons	pouvons	voulons
	vous	devez	recevez	pouvez	voulez
	ils/elles	doivent	reçoivent	peuvent	veulent
Passé composé	j'ai	dû	reçu	pu	voulu
Imparfait	je	devais	recevais	pouvais	voulais
Subjonctif	que je	doive	reçoive	puisse	veuille
	que nous	devions	recevions	puissions	voulions
Futur	je	devrai	recevrai	pourrai	voudrai

Autre verbe:
apercevoir (comme recevoir)

devoir:
7, U 4, LZ 7;
recevoir:
9, U 17, LZ 4
pouvoir:
5, U 9, LZ 3 (sg.);
7, U 4, LZ 7
vouloir:
7, U 6, LZ 5

11.4.11 Unregelmässige Verben

Infinitif		aller		faire		avoir		être
Présent	je	vais	je	fais	j'	ai	je	suis
	tu	vas	tu	fais	tu	as	tu	es
	il/elle/on	va	il/elle/on	fait	il/elle/on	a	il/elle/on	est
	nous	allons	nous	faisons	nous	avons	nous	sommes
	vous	allez	vous	faites	vous	avez	vous	êtes
	ils/elles	vont	ils/elles	font	ils/elles	ont	ils/elles	sont
Passé composé	je suis	allé/e	j'ai	fait	j'ai	eu	j'ai	été
Imparfait	j'	allais	je	faisais	j'	avais	j'	étais
Subjonctif	que j'	aille	que je	fasse	que j'	aie	que je	sois
	que nous	allions	que vous	fassiez	que nous	ayons	que vous	soyez
Futur	j'	irai	je	ferai	j'	aurai	je	serai

avoir:
6, U 16, LZ 3;
être:
6, U 12, LZ 3

12 La négation — die Negation

Die Negation umschliesst das konjugierte Verb:

Tu **ne** pars **pas.** Tu **n'**es **pas** parti. Tu **ne** vas **pas** partir. **Ne** pars **pas.**
Je **ne** vois **personne.** Je **n'**ai **rien** dit. Elle **n'**est **jamais** là. Elle **ne** va **plus** à l'école.

5, U 8, LZ 3

Das *ne* kommt dabei vor ein eventuelles Objektpronomen, vor *y* und vor *en* zu stehen:

Je **ne** le vois pas. Je **ne** lui ai rien dit. Il **n'**y a personne. Elle **n'**en a rien dit.

7, U 7, LZ 2

Nur wenn *personne* und *rien* das Subjekt des Satzes bilden, stehen sie am Beginn des Satzes:

Rien n'est perdu. **Personne ne** l'a vu.

8, U 12, LZ 5*

13 L'interrogation — die Frageform

Die Fragesätze werden im geschriebenen Französisch mit Inversion, d.h. mit Nachstellung des Subjektpronomens (ähnlich wie im Deutschen) oder mit *est-ce que* gebildet:

Fais-tu tes devoirs?	Quand **fais-tu** tes devoirs?
Est-ce que tu fais tes devoirs?	Quand **est-ce que** tu fais tes devoirs?

Im gesprochenen Französisch wird häufig die Frageform allein durch den Melodieverlauf angezeigt:

Tu fais tes devoirs? ↗	Tu fais tes devoirs quand? ↗

Frageformen mit *est-ce que (est-ce qui)*

Subjekt und direktes Objekt

	est-ce		verbe		?
Qui	est-ce	qui	fait	du sport?	Pierre et moi.
	est-ce			verbe?	
Qui	est-ce	que	tu	vois?	Mes amis.
	est-ce		verbe		?
Qu'	est-ce	qui	montre	l'heure?	La montre.
	est-ce			verbe?	
Qu'	est-ce	que	tu	vois?	Deux ballons.

Weitere Frageformen mit *est-ce que:*

A qui est-ce que tu as raconté une histoire?	**Wem** hast du eine Geschichte erzählt?
Avec qui est-ce que tu as parlé?	**Mit wem** hast du gesprochen?
Où est-ce que tu es?	**Wo** bist du?
(Où est-ce que tu vas?)	**(Wohin** gehst du?)
Quand est-ce que tu vas rentrer?	**Wann** wirst du heimkommen?

7, U 5, LZ 3   **Pourquoi est-ce que** tu rentres si tard?   **Warum** kommst du so spät heim?
(9, U C3, LZ 2◊)   **Comment est-ce que** tu t'appelles?   **Wie** heisst du?

7, U 1, LZ 3   **Quel** tram **est-ce que** tu prends?   **Welches** Tram nimmst du?

14
L'ordre des mots   die Wortstellung

14.1   La phrase simple   der einfache Satz

Im einfachen französischen Satz lautet die Wortstellung üblicherweise:

La mère   donne   un bonbon   à son enfant .

7, U 8, LZ 3   sujet   verbe   objet direct   objet indirect

Die Objektpronomen, *y* und *en* stehen jedoch unmittelbar vor dem Verb:

La mère donne *un bonbon* à son enfant.	→	La mère **le** donne à son enfant.
La mère donne un bonbon *à son enfant.*	→	La mère **lui** donne un bonbon.
L'enfant est *dans sa chambre.*	→	L'enfant **y** est.

7, U 7, LZ 2

Auch im *passé composé* stehen Objektpronomen, *y* und *en* vor dem konjugierten Verb:

J'ai vu *le lac Léman.*	→	Je **l'**ai vu.
J'ai montré le lac Léman *à ma petite sœur.*	→	Je **lui** ai montré le lac Léman.
On a nagé *dans le lac Léman.*	→	On **y** a nagé.

Beim Infinitiv im Allgemeinen und beim *futur composé* im Besonderen stehen sie dagegen vor dem Infinitiv:

A Quiberon, on peut voir *la mer.*	→	A Quiberon, on peut **la** voir.
Je vais montrer la plage *à ces touristes.*	→	Je vais **leur** montrer la plage.
Nous devons acheter *des sandwiches.*	→	Nous devons **en** acheter.

7, U 7, LZ 6*

Im affirmativen Imperativ stehen die Pronomen hinter dem Verb. Sie werden mit einem Bindestrich verbunden.

Donne-**lui** ce livre.   Donne-**les** à Pierre.   Prenez-**en** une douzaine.

me und *te* werden durch *moi* und *toi* ersetzt:

Réponds-**moi,** s'il te plaît.   Réveille-**toi;** il est huit heures.

Beim negativen Imperativ stehen die Pronomen am üblichen Ort:

Ne **me** pose pas toujours des questions.

8, U 9, LZ 7

Der Fall, wo zwei (und mehr) Pronomen aufeinander folgen, wird in 9.7 behandelt.

14.2 L'adjectif   das Adjektiv

Die meisten Adjektive stehen üblicherweise nach dem Verb:

| un livre **intéressant** | une voiture **élégante** |
| un journée **ensoleillée** | des devoirs **difficiles** |

Dies gilt ganz besonders für Adjektive, die Farben oder Nationalitäten bezeichnen:

une robe **rouge**   un agriculteur **français**

Die folgenden häufigen Adjektive stehen dagegen üblicherweise vor dem Verb:

un **grand** couteau	↔	une **petite** cuillère
une **bonne** soupe	↔	un **mauvais** vin
un **jeune** homme	↔	une **vieille** femme
une **belle** maison	≈	un **joli** appartement
une **longue** nuit		

Nouveau (nouvel), nouvelle kann vor oder nach dem Nomen stehen:

un nouvel **exemple**   →   un **exemple** nouveau

8, U 11, LZ 2

15
La phrase hypothétique   der Bedingungssatz

Die französischen Bedingungssätze kennen einen besonderen Gebrauch der Zeiten.
Wir behandeln hier nur die beiden häufigsten Formen.

| S'il **fait** beau, | on **jouera** au foot. |
| S'il **pleut,** | on **ira** au cinéma. |

si/s' + présent,   futur

Es handelt sich hier um den realen Bedingungssatz *(la phrase hypothétique réelle).* Die Bedingung ist real, insofern es durchaus möglich ist, dass es schönes Wetter sein wird beziehungsweise dass es regnen wird. Die Handlung liegt in der Zukunft; die Bedingung wird jedoch im Präsens ausgedrückt.

9, U 20, LZ 2 *

> **S'il faisait** beau, on **jouerait** au foot.
> **S'il pleuvait,** on **irait** au cinéma.

si/s' + imparfait, conditionnel

In diesem Fall handelt es sich um den irrealen Bedingungssatz *(la phrase hypothétique irréelle).* Die Bedingung ist irreal, d.h., es ist nicht schönes Wetter beziehungsweise es regnet nicht. Der Sprecher fordert aber den Hörer auf, sich vorzustellen, es wäre schönes Wetter beziehungsweise es würde regnen, und sagt dann, was man in diesem Fall tun würde.

Das *conditionnel* im Hauptsatz dient dem Ausdruck der blossen Möglichkeit. Das Ganze bezieht sich auf die Gegenwart; die Bedingung wird jedoch im Imperfekt ausgedrückt.

9, U 17, LZ 3

Die Bedingungssätze können auch nachgestellt werden:

> On ira à la boum si quelqu'un nous invite. On serait contents si quelqu'un nous invitait.

16
Discours direct et discours indirect
direkte und indirekte Rede

Man spricht von **direkter Rede,** wenn die Rede einer anderen Person in Anführungszeichen *(les guillemets)* wörtlich wiedergegeben wird. Sie wird üblicherweise von einem Verb des Sagens begleitet:

> Charles dit: «Je ne suis pas très fort en français.»
> «Et moi, je ne suis pas très fort en maths», ajoute Charlotte.

8, U 16, LZ 3*

In der **indirekten Rede** erscheint dagegen die Rede der anderen Person in direkter Abhängigkeit vom redeeinleitenden Verb:

> Charles a dit **qu'**il n'était pas très fort en français, et Charlotte a ajouté **qu'**elle n'était pas très forte en maths.

Aussagen werden dabei durch *que* eingeführt, Fragen dagegen in folgender Weise:

Interrogation directe Le reporter demande:	Interrogation indirecte Voici ce que le reporter demande:
Est-ce que? – Est-ce que vous aimez votre métier?	si Il lui demande si elle aime son métier.
Qu'est-ce que? – Qu'est-ce que vous aimez dans votre métier?	ce que Il lui demande ce qu'elle aime dans son métier.
Qu'est-ce qui? – Qu'est-ce qui vous passionne le plus?	ce qui Il veut savoir ce qui la passionne le plus.
Qui (est-ce qui)? – Qui (est-ce qui) vous aide dans votre travail?	qui Il lui demande qui l'aide dans son travail.

Autres mots interrogatifs:

Où est-ce que? – Où est-ce que vous trouvez vos idées?	où Il veut savoir où elle trouve ses idées.

9, U 24, LZ 2△

Im folgenden Satz beziehen sich die Angaben zur **Zeit,** zur **Person** und zum **Ort** auf den Sprecher.
→ Das **Bezugssystem** ist dasjenige des **Sprechers:**

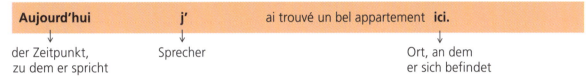

| Aujourd'hui | j' | ai trouvé un bel appartement **ici.** |

der Zeitpunkt,   Sprecher   Ort, an dem
zu dem er spricht   er sich befindet

Die direkte Rede führt dagegen ein zusätzliches Bezugssystem ein:

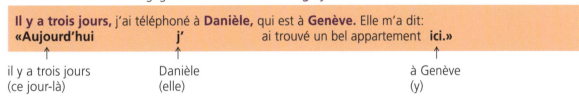

Il y a trois jours, j'ai téléphoné à **Danièle,** qui est à **Genève.** Elle m'a dit:
«Aujourd'hui   **j'**   ai trouvé un bel appartement **ici.»**

il y a trois jours   Danièle   à Genève
(ce jour-là)   (elle)   (y)

In der indirekten Rede bezieht sich alles auf das Bezugssystem des Sprechers:

Il y a trois jours, j'ai téléphoné à **Danièle,** qui est à **Genève. Elle** m'a dit qu'elle **y** avait trouvé un bel appartement **ce jour-là.**

Personen, Orts- und Zeitangaben müssen angepasst werden.
Das folgende Schema stellt die zu verwendenden Zeitangaben dar:

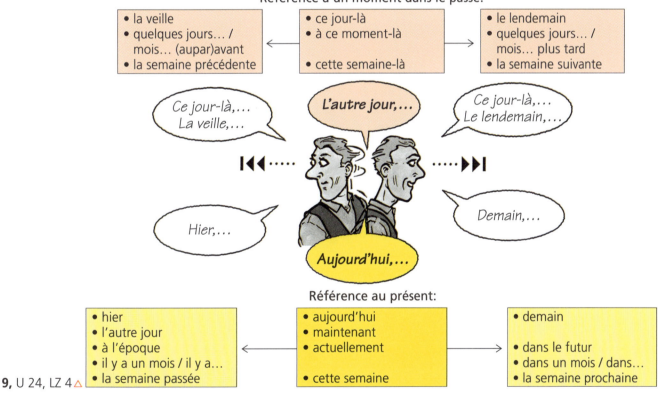

Référence à un moment dans le passé:

- la veille
- quelques jours… / mois… (aupar)avant
- la semaine précédente

- ce jour-là
- à ce moment-là
- cette semaine-là

- le lendemain
- quelques jours… / mois… plus tard
- la semaine suivante

*Ce jour-là,…
La veille,…*

L'autre jour,…

*Ce jour-là,…
Le lendemain,…*

Hier,…

Demain,…

Aujourd'hui,…

Référence au présent:

- hier
- l'autre jour
- à l'époque
- il y a un mois / il y a…
- la semaine passée

- aujourd'hui
- maintenant
- actuellement
- cette semaine

- demain
- dans le futur
- dans un mois / dans…
- la semaine prochaine

9, U 24, LZ 4 △

La concordance des temps

Wenn das Verb, welches die indirekte Rede einleitet, in der Vergangenheit steht, sind auch die Zeiten im Nebensatz anzupassen:

Au passé	Plus-que-parfait	Imparfait	Futur dans le passé
Elle a dit… Elle disait…	qu'elle **était allée** à Paris, et qu'elle **avait visité** le Louvre.	qu'elle **était** à la maison et qu'elle **se reposait.**	qu'elle me **montrerait** ses photos de Paris.

9, U 24, LZ 3 △